Daniel Corsand

« CROYEZ-MOI, J'AI MENTI»
Dialogues au tribunal de Pau

Dessins Jean-Roch Labegaria

Éditions **Gascogne**

« Le président : Voyons Landru, toutes ces femmes... vos enfants ne disaient rien ? - Landru : Quand je donne un ordre à mes enfants, moi, monsieur le juge, ils obéissent. Ils ne cherchent pas le pourquoi ni le comment. Je me demande comment vous élevez les vôtres ! »

Préface

Me Christian Saint-Palais, avocat
Président de l'association des avocats pénalistes de France

« *De tout temps, les tribunaux ont exercé sur moi une fascination irrésistible. En voyage, quatre choses surtout m'attirent dans une ville : le jardin public, le marché, le cimetière, le palais de justice* ». Nous sommes nombreux à suivre ainsi les pas d'André Gide, à franchir les portes toujours impressionnantes d'un Palais inconnu, pour nous glisser silencieusement au fond d'une salle d'audience, soucieux de ne pas troubler l'ordonnancement ritualisé de la justice à l'œuvre. Qu'est ce qui fascine autant dans ces échanges théâtralisés au cours desquels un homme, dans un box désormais aménagé comme une cage, joue son destin face à des juges qui le questionnent et l'écoutent si le temps n'est pas trop compté ?

Sans doute le spectacle de la vérité qui se cherche parmi des certitudes qui se confrontent, vacillent, se ressaisissent et dont on découvrira au moment du délibéré laquelle aura triomphé de cette lutte.

Nombreux sont les écrivains comme Gide Colette ou Camus à avoir pris place parmi le public et rapporté dans des écrits désormais célèbres leurs chroniques d'audience.

A Pau, depuis plusieurs années, c'est Daniel Corsand qui observe, écoute, note pour rendre compte le lendemain sur les ondes. En début d'audience, magistrats et avocats lancent un regard vers son banc pour vérifier sa présence, espérant que leur prestation sera commentée. C'est que, narcisses vulnérables, nous ne sommes pas tout à fait insensibles à de petits hommages que les plus égotiques discernent dans le seul énoncé de leur nom.

Mais flatter, Corsand n'en a cure. Il a à cœur de guetter ces instants où les masques tombent quand les mots lancés depuis le box, révèlent ou trahissent. Car le ressort de l'audience pénale, c'est le verbe : questions, réponses, interrogations, explications, réquisitions, plaidoiries ; à l'audience, on parle.

Certains de ces mots que nous rapporte le chroniqueur feront sourire ; qu'on ne se méprenne pas : il n'y a jamais de légèreté dans le box. On peut essayer d'y faire bonne figure mais jamais on n'y oublie l'enjeu quand, debout, seul, dans le silence, il faut s'exprimer et se défendre, mais pas trop « *parce qu'il faudrait voir à ne pas trop la ramener non plus* .» Chez ces hommes à qui l'on serait tenté de reprocher une certaine légèreté lorsqu'ils s'expriment pendant leur procès, je reconnais pour ma part de l'élégance, celle d'Emmanuel Berl qui « *tentait de faire passer ses angoisses pour de la désinvolture* .»

Daniel Corsand ne raille jamais, n'est dupe de rien ni de personne : il reconnaît les stratégies, les erreurs, décèle les vanités.

Il ne se borne pas à aligner des perles de prétoire, il leur fait écho, les prolonge et nous guide pour comprendre le fonctionnement de notre justice. Et ses dysfonctionnements. Les mots qu'on lit ici, on les entend bousculés par un président pressé « *le tribunal vous a compris monsieur, vous l'avez déjà dit, avançons !* », étouffés par la vitre du box-cage « mettez-*vous devant le micro monsieur ou penchez vous pour parler à travers la fente de la vitre* », hachés par la mauvaise qualité de la visio-conférence « parlez *plus fort, non, plus loin du micro ! Bon, ça ne marche pas* .»

Il est temps que nous prenions garde ! La parole est considérée comme excessivement disruptive par les thuriféraires d'une justice expéditive. Beaucoup sont à l'œuvre pour mettre en place des procédures qui limitent le temps de la défense et l'on peut craindre que ce recueil d'histoires n'apparaisse dans peu de temps comme un livre d'Histoire.

Chacun de ces mots est pourtant essentiel dans une justice que nous voulons humaine.

Récemment, au cours d'une audience où l'on devait décider si le prévenu retournerait à son domicile ou dormirait en prison dans l'attente de son procès, son avocate avait lancé des mots d'alerte, mettant en garde les juges sur la fragilité psychologique de son client incompatible avec la détention. « *Ah le tribunal n'admet pas le chantage au suicide !* » l'interrompait le président. Quelques jours plus tard, seul dans sa cellule des Baumettes, l'homme se pendait.

La « *crise du COVID* » a encore levé les dernières réserves de certains : trois hommes détenus devaient être jugés dans un tribunal du Sud de la France. Un événement étranger à leur volonté empêcha leur extraction de la prison et leur transfert devant le tribunal. Ils attendaient ce jour pour se défendre, parler avec leurs mots, peut-être maladroits, mais les leurs, ceux de leur défense. Faut-il que nous ayons cédé sur beaucoup de nos principes fondamentaux : les trois juges constatèrent leur absence et décidèrent de les juger « *sur dossier* », sans même un avocat pour porter des mots en leur nom, et les condamnèrent à des peines d'emprisonnement de trente mois ! Sans un mot !

Le regard que porte Daniel Corsand sur tous les acteurs du procès nous ramène à l'essentiel : la nécessaire humanité des audiences pénales qui réunissent des hommes et des femmes qui échangent, se regardent, se parlent. Il faut comme Daniel Corsand nous y invite, apprendre à aimer les mots des autres, à les écouter, les respecter, les laisser nous bousculer, nous émouvoir et nous tromper même.

A les lire, on trouvera ici les mêmes émotions qu'assis au fond de la salle, observant cet homme, seul dans le box, jugé par d'autres hommes.

Introduction

Que les choses soient claires, ceci est une chronique judiciaire. Ceci est un reportage. Je suis journaliste dans une radio locale, France Bleu Béarn. Je n'ai pas vécu de « grands procès », mais j'ai vécu beaucoup de petits. La quantité plutôt que la qualité serait-on tenté de dire. Réflexion faite, je dis plutôt que j'ai vécu beaucoup de grands petits procès. Il faut bien comprendre aussi que pour chaque justiciable, son affaire est celle de sa vie. Pour les protagonistes d'un conflit de voisinage, pour chaque époux d'un divorce, son dossier est l'affaire Dreyfus. Depuis plus de vingt ans maintenant je raconte l'actualité du Tribunal de Grande Instance, à Pau, qui rend justice sur un demi-département, celui des Pyrénées

Atlantiques ; trois audiences correctionnelles par semaine, et quatre sessions d'assises par an. Des procès qui racontent tellement de choses sur notre époque. Des procès que personne ne raconte ou presque.

Parfois, pour les quelques affaires béarnaises qui ont défrayé la chronique nationale, je croise la route de grands chroniqueurs judiciaires. Lors du procès Bonnemaison à Pau, cet urgentiste de Bayonne jugé pour le meurtre de sept de ses patients en fin de vie, j'étais assis à côté de Pascale Robert-Diard du journal Le Monde. J'étais intimidé. Je ne lui ai quasiment pas parlé, si ce n'est quelques mots maladroits pour lui dire à quel point j'appréciais son travail. Lors de ce procès, qui fut, en réalité, celui de l'euthanasie, nous avons entendu le témoignage d'un médecin généraliste. Il a raconté, face à la cour, son rapport avec la mort dans l'exercice de son art, auprès de personnes aux portes de la mort et dans l'enfer de la souffrance. Quand le médecin a rejoint la salle, Pascale Robert Diard s'est tournée vers moi et m'a dit : « il n'y a que dans une salle d'audience et dans le reportage de guerre qu'on a des sensations comme celle-là. » Je pense souvent à cette phrase lors des audiences auxquelles j'assiste.

Ces humbles échanges d'audiences qui vont suivre sont rigoureusement exacts. Fidèlement rapportés au mot près. Compilés comme cela, ils racontent par touches impressionnistes la justice des hommes telle qu'elle se dispense dans ce TGI de province. Ils racontent l'implacable humanité de celui qui juge le délinquant. L'humanité de celui qui le défend. Mais surtout ils racontent la fragile humanité de celui qui comparait.

Pierre Bourdieu, béarnais faisons le remarquer en passant, a dit une grosse bêtise dans son œuvre si brillante. Le sociologue a dit : « le fait divers fait diversion .» Attribuons cet écart intellectuel à la tentation du calembour. Le fait divers et de justice, bien au contraire, nous ramène à la réalité de notre monde. Il fait miroir (un rien déformant je l'admets). Il reste encore, dans ma profession, des journalistes pour dire que le fait divers est un sous genre du métier. Sans doute parce qu'il se nourrit du malheur. Sans doute aussi parce que le sensationnalisme n'est jamais très loin. Il rôde. Il tente. Mais je n'ai pas trouvé sujet plus passionnant à couvrir. L'actualité économique, sociale, politique ou sportive oblige aujourd'hui le journaliste à se confronter à la communication. Les patrons font de la « com ». Les syndicats font de la « com ». L'élu fait de la « com », les clubs font de la « com ». Le juge, le jugé, ne font pas de « com ». Une scène de crime, un procès, nous proposent une réalité et quand on y réfléchit, il est très rare pour un journaliste aujourd'hui de couvrir une réalité. Comme le dit Pascale Robert Diard, il n'y a plus guère que la guerre et le palais de justice.

Dans le jargon judiciaire, celui qui comparait pour un délit est un prévenu. Le vocable « accusé » est réservé à l'aristocratie de la délinquance ; celle qui comparait pour des crimes devant la cour d'assises.

La maxime dit qu'un homme averti en vaut deux. A l'audience le prévenu a du mal à valoir sa seule personne. Dans un prétoire, les mots « averti » et « prévenu » ne sont pas synonymes.

Avant que vous n'entamiez la lecture, lisez d'abord mes remerciements aux vrais auteurs de ce modeste ouvrage : la présidente, le procureur, l'avocat, l'accusé et donc le prévenu.

L'AVOCAT DE LA VICTIME :
« FDP, ça veut dire quoi ? »

LE PRÉVENU (pour injures publiques) :
« Faiseur De Problèmes. »

Le procès correctionnel a beau revêtir les attributs de la justice : un prétoire, des robes, une estrade, le tribunal de Pau, du fin fond de la France n'a sans doute pas la solennité qui devrait s'imposer. Les papiers peints sont élimés, et les sièges crasseux. Comment vous décrire l'air vicié d'une salle d'audience de correctionnel après quelques heures de débat ? L'olfactif est si difficile à écrire. C'est sans doute mieux comme ça. Souvent ces salles ont emprunté le style postmoderne des années 90. Les bois sont clairs. Le style épuré. A Pau on s'interroge encore sur la mini sculpture qui trône au-dessus du juge. Elle est censée représenter la balance de la justice. Elle ressemble davantage à une paire de cornes en onyx. Les couleurs sont beiges. Les reflets sont saumonés.

Dans une seule audience « on passe » une vingtaine de dossiers en un après-midi. Un après-midi qui déborde bien souvent sur la soirée.

Nous sommes là en présence d'un prévenu qui a pris ses aises. Il se fiche du monde avec sa réponse évidemment. Ce décorum, au lieu de l'intimider, lui inspire plutôt de la confiance. Il se pense dans un monde dépassé et anachronique.

Il est également persuadé que ce genre de mauvaise foi est suffisante pour démonter une accusation. Souvent le prévenu a vu trop de séries à la télé. Nous sommes en présence d'un spécimen récurrent dans ces audiences : le décomplexé.

Le prévenu :

« Ça boit tous les jours sur le circuit. Allez voir, mais ne dites pas que vous êtes présidente du tribunal. »

Dans une salle d'audience on sent très souvent un décalage social entre le juge et le jugé. Comme si le tribunal est à des années-lumière de savoir à quoi ressemble la vraie vie, dehors. Dans ce dossier, la présidente s'étonne d'entendre à quel point, une fois la dernière course automobile passée (enfin c'est ce que l'on préfère croire), tout le monde boit allègrement sur le circuit automobile. Que c'est dans les mœurs des sports mécaniques. Le magistrat est souvent mis dans la position du « ravi de la crèche » par le prévenu ; « si vous saviez madame la présidente !!! »

D'une certaine manière, le magistrat, (qui vit lui aussi dans la vraie vie, je vous rassure. Peut-être même est-il dingue de sport mécanique) est prisonnier de sa robe, de sa posture de celui qui doit juger. Il est contraint à une certaine naïveté. Sa façade d'impartialité l'enferme dans une fausse candeur. Pour bien faire son métier, il doit laisser croire qu'il ne boit jamais, qu'il ne sort pas, et qu'il prend les ronds-points comme dans les auto-écoles.

La présidente :

« C'est pas méchant comme message !? : Va te laver le cul. On va se voir ! »

Le prévenu (pour harcèlement) :

« Un peu oui... »

Quand on assiste à une audience du tribunal correctionnel, il ne faut pas avoir l'oreille chaste. Il y a beaucoup d'affaire de harcèlement, de menaces, ou d'injures devant cette juridiction. Et l'oralité des débats qui s'impose à la justice oblige le président, dans son exposé des faits, à « citer l'auteur » si je puis dire. La présidente ce jour-là, comme si souvent, a dû prononcer ces horreurs. Il faut le savoir, le magistrat en robe dit beaucoup de gros mots à l'audience. C'est sans doute lui qui en dit le plus d'ailleurs. Ceci est un exemple parmi tant d'autres, et il n'est pas le plus ordurier loin s'en faut. Souvent, pour le prévenu c'est aussi un choc de s'entendre dans la voix du juge. C'est tellement sorti du contexte de l'infraction que le prévenu, bien souvent, baisse le nez à ce moment-là.

La présidente :

« Qui lui a fait cet œil au beurre noir à la victime ? »

Le prévenu (pour violences aggravées) :

« Je pense que c'est ma main. »

Ce dialogue a, en réalité, une logique assez imparable. Parce que bien souvent les prévenus se débattent comme ils le peuvent dans la position qui est la leur. Ce qui les oblige à des contorsions intellectuelles qui les poussent à ces extrémités absurdes. La juge, pour condamner, veut une infraction matérialisée, et si possible la reconnaissance de ces faits par le prévenu, dans toutes leurs gravités. C'est ce que le monde judiciaire appelle « la vertu de l'audience .» Cet homme a, de toute évidence, battu sa femme. Le dossier est accablant. Mais il ne fait pas que nier les évidences de l'enquête. Il se cache à lui-même sa condition de mari violent. La présidente veut lui faire dire pour éviter de le revoir dans ce prétoire pour des mêmes faits. On voit bien que dans ce cas-là, il y a encore du chemin à faire. Pour ce genre de prévenu la prise de conscience est impossible. Elle relève du miracle, et les miracles sont rares dans une salle d'audience.

LE PRÉVENU
(pour violences conjugales en récidive) :

« Si je suis avec quelqu'un de bien, je ne bois pas. Avec mademoiselle X, pendant 6 ans, j'ai pas bu. »

LA PRÉSIDENTE :

« Et cette condamnation en 2015 pour violences conjugales, c'était sur elle non ? »

LE PRÉVENU :

« Oui, mais ça c'était à la fin… »

Le prévenu (pour violences sur conjointe) :

« Je propose qu'on classe cette affaire. Ce n'est pas moi qui ai porté plainte. »

Pour oser dire cela à son procès, il ne faut pas douter de soi. Et souvent, le mari ou conjoint violent a une très haute estime de lui. C'est le cas de notre homme. Ce jour-là, les avocats sont en grève. Lui est venu sans conseil, et en raison du mouvement de grève impossible de lui en proposer un. Magnanime, il accepte quand même d'être jugé sans avocat. Lors du procès il est dans son rôle de prévenu. Il répond aux questions que le juge lui pose. Les choses se gâtent quand le magistrat lui donne la parole en dernier, pour assurer lui-même sa défense. Sans complexe, il plaide. Splendide d'ignorance, il fait du droit à sa sauce. Je vous assure qu'en s'asseyant, il était sûr d'avoir remporté le morceau. Le tribunal n'a pas « classé » le dossier. Il n'a pas non plus considéré que c'est la femme qui a commencé en déposant plainte. Il a été reconnu coupable des faits reprochés et condamné. Nul ne sait s'il a fait appel de sa condamnation.

LE PRÉSIDENT

(après avoir résumé des faits de violences conjugales répétées) :

« Quel regard portez-vous sur ces faits aujourd'hui ? »

LE PRÉVENU :

« Je regrette. Mais elle a inventé des choses : les dents c'est des pivots. »

S'il y a des affaires où la mauvaise foi prospère, c'est bien dans ces affaires de violences conjugales. Beaucoup des prévenus sont encore dans la colère et le déni au moment du procès. Pour un rien, ils chipotent et le résultat est navrant bien évidemment. C'est un tout jeune homme qui relève ce détail consternant. C'est une boule de violence et sa jeune victime/compagne est réellement en grand danger. Elle n'est pas venue au procès. Ni sa mère qui est allée trouver les gendarmes pour sauver sa fille. Comme si plus personne n'ose s'approcher de lui. Heureusement, dans sa détresse, la jeune fille a fait des selfies en cachette de son visage tuméfié à chaque fois qu'il la corrige. Elle les a ensuite envoyés à son frère, avant de les effacer pour ne pas se faire prendre avec ces pièces à conviction. C'est ce qui permet à ce dossier de tenir. Le jeune est condamné à deux ans et demi de prison qu'il va commencer à purger dès la fin de l'audience. Il aura aussi interdiction d'entrer en contact avec elle pendant cinq ans après sa sortie.

LE PRÉVENU (pour violences conjugales) :

« Si elle avait peur, elle serait là et elle aurait porté plainte. »

LE PRÉSIDENT :

« Ben justement non. »

Mauvaise foi absolue ou déni intégral ? Les énormités que l'on entend dans une salle d'audience interrogent. Bien sûr que la mauvaise foi est en cause. On l'a vu par ailleurs. Pour sa défense le prévenu peut être de mauvaise foi. Il peut mentir. On ne peut pas lui reprocher contrairement au procès à l'américaine. Et donc le prévenu ne s'en prive pas.

Mais il ne faut pas non plus sous-estimer la puissance du déni. Beaucoup s'autopersuadent qu'ils sont dans leur bon droit. Ils font des raisonnements par l'absurde qu'ils n'hésitent pas à soumettre au tribunal comme des arguments massues auxquels ils croient dur comme fer.

Le prévenu (pour violences conjugales) :

« On a regardé « quatre mariages et une lune de miel » à la télé. Et après deux/trois verres d'alcool, on a commencé à se disputer. »

Pendant le premier confinement, le palais de justice n'a tenu que des audiences de comparution immédiate. Et 90% des affaires jugées parlent de violences conjugales. Des histoires qu'il faut juger vite, comme pour éteindre un incendie. C'est la quatrième fois que Mickael comparait pour avoir battu cette même femme. A chaque fois, elle lui a pardonné et a cru en sa capacité à changer. Mickael est sorti de prison de sa précédente condamnation le 18 mars, premier jour du confinement. Elle est venue le chercher à Bordeaux car elle avait pitié. Il était à la rue. Il avait pourtant une injonction à ne pas entrer en contact avec elle. Elle ne devait l'héberger que le temps du confinement. Après, il allait se chercher un appartement. Au début tout s'est bien passé, et puis les choses ont dégénéré. Parce qu'elle n'a pas su faire cuire correctement la quiche. Le parquet est tout autant excédé par l'auteur que par la victime. Ce couple est un cas d'école. Dans bien des affaires de ce type-là, la conjointe se met en danger, sans être forcément sous l'emprise psychologique d'un homme. Dans ce cas, elle a 20 ans de plus que lui, et se perd dans des chimères.

L'AVOCAT À UN TÉMOIN :

« Avez-vous déjà vu l'accusé (d'assassinat) utiliser une arme à feu ? »

LE TÉMOIN (toxicomane) :

« Euh... Des pistolets à eau ? »

Nous voilà dans la salle des assises. Dans ce tribunal criminel, on prend le temps de juger. Les procès durent plusieurs jours. Entre autres beaucoup de choses, on entend des témoins. Ces témoins sont souvent des personnages à part. Il faut savoir qu'au début d'un procès d'assise, on invite les témoins à attendre leur tour, en dehors de la salle, dans une pièce attenante. Ils doivent tout ignorer de ce qui se dit dans la salle d'audience avant qu'ils ne soient soumis aux questions de la cour. Le témoin est donc celui qui débarque, après des heures d'attente et de trac. Comme un ermite sortant de sa grotte en plein jour, aveuglé par la lumière, il fait son entrée. Tout le monde le regarde. Il ne sait pas où aller. On lui désigne la barre des témoins. Il est au centre de l'attention de tous. Il ne sait pas ce qu'il doit faire de son manteau, de son sac, et de ses mains le plus souvent. La tension dramatique du procès, sa dramaturgie lui sont complètement étrangères. Il doit prêter serment. Il se concentre pour ne pas lever la main gauche. Et souvent il la lève quand même.

Il doit d'abord parler spontanément sur l'affaire. Au départ on ne lui pose pas la moindre question. Il ne s'attend pas du tout à cela. Bien souvent, son audition commence par un silence assourdissant. Parfois, il sourit, ou même pouffe de rire, nerveusement. L'effet est désastreux, et il le sent bien. Si on ajoute à ce contexte si particulier, la toxicomanie de notre témoin, on entend ce dialogue surréaliste.

L'Accusé (d'assassinat)
« Croyez-moi. J'ai menti. »

Comme celui qui pense que c'est « sa main » (et pas lui) qui a tapé sa femme, notre homme se débat comme il le peut, seul dans le box des accusés. Avec ses vitres blindées, ce box ressemble à un aquarium et l'accusé à une carpe bouche bée, qui cherche l'air. A l'audience, il est obligé de paraître sincère. On lui rappelle ses déclarations pendant l'instruction. Ses mensonges, ses contradictions. On exhume à l'audience le procès-verbal d'un interrogatoire de garde à vue à 3 heures du matin. Alors il doit convaincre que c'est ce jour, au procès, qu'il dit la vérité. Et immanquablement il y a quelqu'un pour lui demander à l'audience ; « Mais quand doit-on vous croire ? Aujourd'hui ou hier ? »

L'accusé est dans une stratégie que l'on voit souvent dans un prétoire. Il est dans la contrition surjouée. Il veut faire croire à la cour qu'il n'est plus le même aujourd'hui. Il préfère miser sur l'avenir que sur son passé frelaté. Il n'est plus celui qui a tué. Et donc il ne tuera plus. Donc il enfonce celui qu'il fut. Il oublie qu'un tribunal juge un homme pour l'ensemble de son œuvre.

Le prévenu (pour trafic de drogue) :

« La MD ? C'est de la menthe de Dubaï. » (Rires dans la salle)

La présidente :

« Vous savez, la semaine dernière, j'ai eu de la farine bio du Maroc. » (Rires dans la salle)

Cela renvoie à la position de « ravi de la crèche » évoquée plus tôt. La justice, par rapport à la drogue, est enfermée dans cette fausse candeur qui peut devenir une faille dans les procédures « stupéfiants ». La justice ne peut pas faire de distinguo entre les différentes drogues. Il n'y a pas de drogue douce ou de drogue dure pour elle. Parce que la loi, les législateurs élus au suffrage universel, n'en font pas. La justice se doit d'être loyale par rapport aux textes : la drogue, c'est de la drogue. Donc, pour un fumeur de joints, elle accompagne ses peines d'obligations de soins, de stages de citoyenneté. Pire, elle condamne des fumeurs de cannabis aux produits de substitution, dont ils deviennent dépendants. C'est la justice qui les rend toxicos. Beaucoup de magistrats vivent mal cette naïveté feinte, parce qu'eux aussi ont été jeunes, quand ils ne le sont pas encore. Eux aussi sortent et connaissent la vraie différence qui existe entre le cannabis et les autres drogues.

LE PRÉVENU (pour trafic de drogue) :

« Chez moi j'ai des bocaux en verre avec de l'herbe. Du deux ans d'âge ! »

LA PRÉSIDENTE :

« Ça se bonifie avec le temps le cannabis ? »

LE PRÉVENU (TOUT SOURIRE) :

« Ah ouaiiiip ! »

LE PRÉVENU, 86 ANS
(pour avoir tué le chien qui attaquait son chien) :
« J'ai été foutu en garde à vue ; Eh ! J'ai été très bien reçu. »

Ce dialogue raconte deux réalités des prétoires d'aujourd'hui, deux autres décalages. Celui de l'âge d'abord. De l'époque. Notre homme, vous l'avez lu, a 86 ans. C'est aussi un homme de la campagne, « rustique » comme on dit dans les villes. Il a un accent béarnais à couper au couteau. Il roule les « r ». Pour lui, on l'entend, les conditions de garde à vue, tant décriées par les « droitdelhommistes », à juste titre bien souvent, rappellent sans doute à cet homme une réalité qu'il a connu dans sa vie non délinquante. Le « gnouf » de son service militaire ou les campements de la guerre d'Algérie. En gros, pourvu qu'on le vouvoie et qu'on lui donne à manger et à boire, ce n'est pas la peine d'en appeler à la CEDH (Cour Européenne des Droits de l'Homme).

L'autre décalage est plus sociétal. Aujourd'hui on passe devant le tribunal quand on donne deux coups de fusil de chasse au chien du voisin. Le droit « s'animalise ». Notre homme ne l'a pas du tout intégré. Il n'est pas surpris de trouver sur le banc des parties civiles, son voisin. C'est normal. Mais il se demande bien ce que fait là Brigitte Bardot et sa fondation. Parle-t-on bien de la même Brigitte Bardot ? De celle dont il a si souvent rêvée la nuit, dans les casernes de la guerre d'Algérie ? Le tribunal a relaxé le vieil homme.

LA PRÉSIDENTE (en hurlant) :

« Monsieur, d'ici le 8 octobre, il faudra vous appareiller !!! »

LE PRÉVENU (84 ans) :

« J'ai fait changer les piles et ça ne marche pas !!! »

LE PRÉVENU (à propos d'un des 16 cambriolages qui lui sont reprochés) :

« Vous savez, j'ai oublié. J'ai laissé toutes ces choses derrière moi. Je veux avancer. »

Là, nous sommes en présence du prévenu qui veut aller plus vite que la musique. Il est en mode : « c'est bon. J'ai compris. » Celui qui veut passer à la case « réinsertion » tout de suite. C'est l'escamoteur de la case sanction. Il est lui aussi de la famille de ceux qui croient au Père Noël. Ceux-là réagissent souvent mal au délibéré. A leur sujet, les experts psychiatres ou psychologues, parlent savamment de « faille narcissique. » Ce prévenu s'aime beaucoup. Il s'aime tellement que cela joue sur sa perception de la réalité judiciaire : « allez directement en prison, sans passer par la case départ. Vous ne toucherez pas vingt mille francs. »

La présidente :

« Votre RSA est suspendu. Vous savez pourquoi ? »

La prévenue (pour vol avec violence) :

« Non. »

La présidente :

« Vous vivez de quoi alors ? »

La prévenue :

« Ben… Du RSA. »

Cette jeune femme est bien connue de la juridiction. Elle est seule. Elle vole seule. Elle vit au jour le jour. Elle n'a aucune formation, aucune perspective d'avenir. Aucune volonté de s'en sortir. Tout lui manque.

Ce que raconte ce dialogue, c'est qu'elle n'envisage rien d'autre dans sa vie que le RSA. C'est la triste réalité sociale de ces audiences. Avec cette impression, qui est plus qu'une impression, de pisser dans un violon. C'est le serpent qui se mord la queue. Tout le monde en est conscient : le procureur, le juge, l'avocat. Tout le monde fait semblant de croire en son avenir, en aménageant la peine, en prononçant des sursis avec mise à l'épreuve. Tout le monde fait semblant d'y croire, parce qu'il n'y a rien d'autre à faire. C'est la justice qui se trouve condamnée à tourner en rond. Un comble.

LE PRÉSIDENT :

« Vous nous dites que vous alliez revenir payer... »

LE PRÉVENU :

« Oui monsieur le juge. Même la veille, j'ai payé le lendemain. »

Ce dialogue renvoie à cette réplique lumineuse de Michel Audiard, dans les tontons flingueurs : « C'est curieux chez les marins, ce besoin de faire des phrases. » Notre homme est un marin qui fait des phrases. Voilà tout. On l'entend à son ton. C'est un récidiviste de la grivèlerie (quel joli nom ! Peut-être le plus joli du code pénal.) Il est parti sans payer sa note d'hôtel. Il est parfaitement à l'aise dans sa peau de prévenu. C'est celui qui se prend pour un charmeur de serpent.

Il croit endormir le tribunal comme le réceptionniste d'un hôtel. Il se trompe, lourdement.

Le vieux prévenu
(pour avoir harcelé sa femme) au jeune
juge :

« Vous avez déjà été amoureux d'une femme monsieur ? »

La présidente
(après l'énonce de la condamnation à de la prison ferme) :
« Avez-vous des problèmes de santé ? »

Le prévenu :
« Qu'est-ce que ça peut vous foutre !? »

Notre homme est un écorché vif. L'asocial dans toute sa splendeur. Il est intelligent. Mais inadapté à la vie en société. Il ne supporte pas la moindre contrariété. Quand il n'est pas d'accord, il crie et cogne. Pendant tout son procès il va avoir systématiquement la mauvaise réponse. Celle qui va le desservir. Consciemment ou pas, cet homme s'autodétruit judiciairement. C'est un suicide social. Il va aggraver son cas à chaque fois qu'il ouvre la bouche. Souvent, avec ces individus, la justice voudrait freiner, pour ne pas griller toute ses cartouches répressives trop vite. Mais lui, il accélère tout le temps. Jusqu'à ce dernier instant du procès : avant que l'escorte ne lui passe les menottes pour l'emmener en prison, le magistrat lui pose cette question, imposée par les textes. Pendant les débats, les échanges ont été vifs entre la présidente et ce prévenu. A la limite de l'outrage. La justice est passée, alors la présidente, par souci d'apaisement, va prendre le soin de mettre de l'humanité dans cette question. Il y a de l'empathie sincère dans le ton de sa voix. Lui, il envoie tout péter.

Le prévenu (60 ans, de Salies de Béarn) :

« Je regardais le match. En principe, quand je regarde le rugby, je bois pas trop. C'est la messe ! J'ai dit à ma femme : maman ! (maman c'est ma femme). Amène moi Arthur ! (Arthur, c'est mon couteau). »

Cet homme entre dans la grande famille des bavards. Sans eux vous n'auriez pas ce livre entre les mains. Il fait partie de ceux qui en disent trop. Beaucoup trop. Ils sont le cauchemar des avocats. Mais lui, c'est un bavard au premier degré. Il n'a aucun filtre. Il ne cherche à séduire ou convaincre personne. Il est à la barre comme il est dans la vie. Comme il est dans son immeuble, avec ce voisin qu'il a tenté de trucider, parce qu'il fait trop de bruit, parce qu'il est trop jeune, et trop noir aussi. Tout ça, un jour de match. « On n'a pas idée madame la présidente ! »

La présidente :

« Vous rouliez au milieu de la route... »

Le prévenu (pour conduite en état d'ivresse, la 14ème)

« Je ne me souviens pas. Je sais que j'étais sur la route... »

Si cet homme comparait pour la quatorzième fois, il ne le doit qu'à son alcoolisme. Pour lui non plus, la solution n'est pas dans le prétoire. Il ne se défend même plus. Il essaye d'être le plus sincère possible, mais il est complètement résigné. Il est de la famille des taiseux. La présidente va bien essayer de le faire parler. Mais lui s'en empêche, résolument. Il attend que ça se passe.

Le prévenu :

« On ne va pas me retirer des points sur un permis que je n'ai pas. »

La délinquance routière a sa propre logique. Elle a sa double logique. Celle administrative avec son calendrier à elle et celle du juge, qui bien souvent n'est pas dans le même rythme. La juge se dépêche, fait au plus vite, mais souvent il ne soutient pas le tempo du préfet. C'est ce qu'il se passe ce jour-là à l'audience. Depuis la commission des faits, l'homme n'a plus le permis. Mais la procureure ne le sait pas et requiert des retraits de points. Qui entraine cette répartie imparable du prévenu.

Le prévenu :
(pour outrages sur des policiers municipaux) :

« Des gardes champêtres avec un glock à la ceinture qui se prennent pour le commissaire Broussard. »

Notre homme a des lettres et des références en balistique. C'est une perle pour ces audiences parfois, souvent, bien longues et monotones. Il est bien évidemment de la famille des bavards. Mais un bavard intelligent cette fois. Il est aussi de ceux qui se suicident socialement. Il a un casier long comme le bras. Il est rompu à l'exercice de la comparution.

Il est aussi un paradoxe sur patte. C'est un asocial, social. Il a bien l'intention cet après-midi-là de s'en payer une bonne tranche. Il cabotine. Avec toute la morgue dont il est capable, il règle ses comptes, avec la police municipale en l'occurrence, mais aussi avec la société et ses institutions. Même si ça lui coûte. Il a le sens de la formule. Il fait rire la salle, qui se marre comme au spectacle. Les magistrats se retiennent…

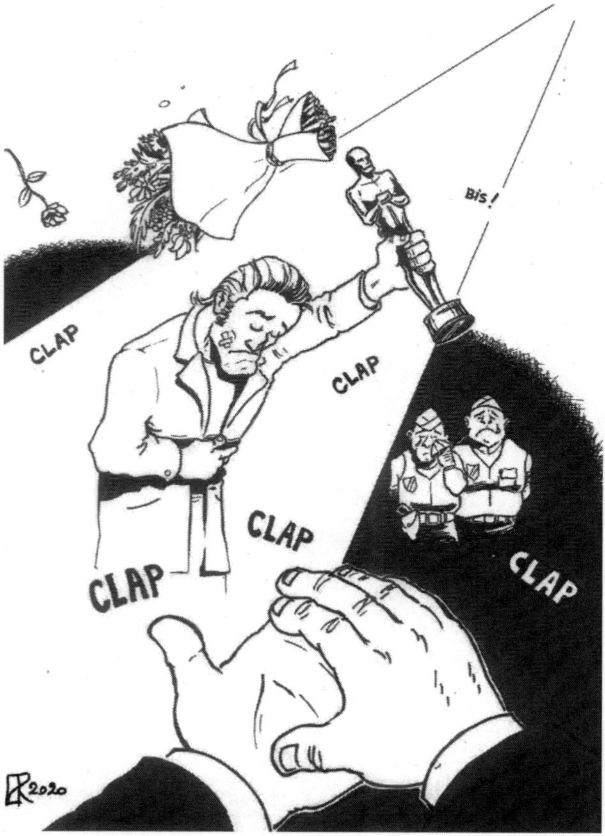
Bis !
CLAP
CLAP
CLAP
CLAP
CLAP
2020

Le président :

« Vous vous êtes fait refaire le nez. Pourquoi ? »

L'accusé :

« Pour ressembler à Nicolas Cage. »

Le président :

« ... »

L'accusé :

« Quoi ? Vous ne connaissez pas Nicolas Cage ?! »

Cet homme comparait devant la cour d'assise pour une série de braquages. Il a écumé la France entière et commis des hold-up dans des hôtels de sorties d'autoroutes. Les butins sont maigres le plus souvent, mais la série impressionnante. Il est entré dans le cercle très fermé des bandits de grands chemins puisque son dossier a été baptisé, « le solitaire des Ibis ». Il agit seul, et pendant ce procès on comprend pourquoi. Il ne supporte que sa propre personne qu'il tient en très haute estime. Il est franco-portugais, et parle un français châtié avec un accent lusitanien. Il dit de ses codétenus que ce sont des Philistins, prononcé « filichtine ». Il est d'une arrogance crasse.

Donc il s'amuse avec la cour, jusqu'à ce que celle-ci examine son parcours de vie ; une étude biographique qui permet surtout d'éclairer le jury sur ses capacités à changer, dans le cadre de la peine qu'il devra effectuer. Alors, il se met à parler de son fils, né peu de temps avant sa détention. Ce fils qui l'a changé du tout au tout. Qui éclaire sa vie et son avenir. Son avocate est stupéfaite sur son banc. Il ne lui a jamais parlé de cet enfant. Elle l'écoute. Elle est émue, comme tout le monde dans la salle. Et pourtant cette avocate n'est pas du genre à se laisser attendrir. Quelques jours après le verdict, je prends des nouvelles de son client. Elle rougit de colère et me raconte que ce fils, qui a tant ému la cour, n'a jamais existé. Il a le nez et le jeu d'acteur de Nicolas Cage.

La présidente :

« Avez-vous une estimation du nombre de cambriolages ? »

Le prévenu :

« 7. »

La présidente :

« Bon… On ne vous en reproche que 5. »

Comme tous les autres bien sûr, ce dialogue peut sembler irréaliste aux personnes qui ne connaissent pas ces juridictions de la rapine. Nous sommes en compagnie d'un récidiviste. On peut même parler à son sujet de cumulard des dossiers. Une série de cambriolages sur une même période peut parfois faire l'objet de plusieurs dossiers. Souvent aussi, depuis leurs déclarations en garde à vue, ils ne se souviennent plus exactement ce qu'ils ont reconnus ou pas. Et puis avec les procédures de comparutions immédiates, ils peuvent répondre de faits plus récents que ceux pour lesquels ils ne sont pas encore jugés. (Moi-même, j'ai dû m'y prendre à plusieurs fois pour bien comprendre ce que je viens d'écrire). C'est dire si dans l'esprit du juge et du prévenu, les choses peuvent parfois sembler confuses. De toute façon, en réalité, peu importe le nombre, la sanction sera la même. Et s'il en manque deux cette fois, ils seront peut-être dans le prochain lot.

LA PRÉSIDENTE :

« Monsieur, vous comparaissez devant ce tribunal aujourd'hui pour trois dossiers. »

LE PRÉVENU :

« Non. Deux. »

LA PRÉSIDENTE :

« Non. Trois. »

L'AVOCAT :

« Le whisky n'est pas l'absinthe. Mon client n'est pas Rimbaud. Il n'a pas écrit les fleurs du mal… »

Euh… Rimbaud non plus. Dans la salle d'audience, beaucoup en cachette ont vérifié d'une discrète recherche google, sur leurs smartphones, que Charles Baudelaire est bien l'auteur des « fleurs du mal ».

Mais voilà l'occasion de rendre hommage à l'un des personnages de ces audiences de tribunal correctionnel : l'avocat. Souvent il est jeune, débutant. Il se tanne le cuir. Le sien et celui de son portefeuille, à coups d'aides juridictionnelles (la commission d'office) et de permanences d'audiences ou de garde à vue. Lui, ou elle, ânonne le plus souvent. Ils font le métier, ou l'idée qu'ils s'en font. Ces avocats ont encore des scrupules à soulever un vice de procédure qui leur tend pourtant les bras. Ils plaident timidement une relaxe.

Mais ils n'y croient tellement pas qu'ils ajoutent aussitôt : « si toutefois vous entriez en voie de condamnation ... » Ils ont l'humilité en étendard.

Il y a en revanche le pénaliste arrivé, qui lui ose le « si par extraordinaire vous entriez en voie de condamnation... » Lui, il rayonne. Il est chez lui dans cette salle. Il blague avec le substitut du procureur, même s'il livre un combat quasi quotidien « contrelapolitiquepénalemortifèreduparquet ».

Et puis il y a le troisième type. L'avocat sénior, plus confirmé et dont la réputation n'est plus à faire dans le palais et qui concède, de temps en temps, à s'encanailler « au pénal ». Histoire de ne pas perdre la main. Et histoire de plaider. Parce que les audiences de civil, les divorces, rapportent plus mais on s'y ennuie ferme. On s'en remet à ses écritures et on se rassoit. Ce jour-là il voulait retrouver les sensations du ténor. Montrer que lui aussi il sait. Qu'il a des lettres et des citations.

Ce trait, il nous l'a infligé d'entrée de plaidoirie. Solennellement, il s'est approché de la barre. Il s'est appuyé dessus. Il a imposé à la salle un silence tout en tension. Il a regardé le tribunal dans les yeux, et, d'une voix de stentor, nous a offert ce cadeau. Qu'il en soit remercié, à perpétuité.

LE PRÉVENU

(pour conduite en état d'ivresse) :

« Depuis, je me refuse à tout anniversaire. »

LA PRÉSIDENTE :

« Le problème n'est pas l'anniversaire monsieur. »

Ce prévenu est l'occasion d'évoquer un malentendu très fréquent dans les salles d'audiences. Dans ces affaires d'alcool au volant, les prévenus, des hommes toujours, ne parviennent pas à comprendre que ce délit est fait de deux actions qui, quand elles sont mues ensemble, font de l'auteur un délinquant. Il s'agit de boire ET conduire.

Souvent le prévenu explique qu'il ne boit pas habituellement. Qu'il n'a vraiment pas de bol. Qu'il n'avait que 300 mètres à faire pour rentrer chez lui. Mais le problème n'est pas là. Comme le disait souvent un juge de cette juridiction : « vous avez parfaitement le droit, monsieur, de vous saouler la gueule. Tous les soirs si vous voulez. Cela m'est complètement égal ! Ce qui est interdit, c'est de prendre le volant QUAND vous vous êtes saoulé la gueule… » En réalité, on comprend bien que ces prévenus veulent convaincre l'assistance et souvent leur propre personne qu'ils ont la parfaite maîtrise du véhicule et de leurs existences.

⚖

L'AVOCAT :
« C'est pas que je veux influencer la décision du tribunal mais… »

Que celui qui ne connaît pas l'atmosphère de ces audiences de tribunal correctionnel jette la première pierre à cet avocat. Il a la soixantaine passée. Sa robe est usée jusqu'à la corde, mais il la porte encore bien même quand sa bavette est de travers. Son col est entrouvert. Les ourlets sont décousus. Au bout de son épitoge, son hermine est d'un blanc crasseux. Sa robe raconte son expérience. Il y a fort à parier que ce négligé de robe est en fait une coquetterie.

Cet avocat n'a jamais renoncé au « petit pénal », malgré sa bonne réputation sur la place. C'est l'avocat bohême post soixante-huitard. Du moins c'est le personnage que l'on imagine sans le connaître.

Ce jour-là, une fois de plus, l'avocat s'est levé pour faire le job. Il a plaidé une fois de plus pour l'honneur, uniquement pour le principe du contradictoire. Sans doute a-t-il déjà sorti toutes les ficelles de son immense expérience. Sans doute ne s'est-il même pas entendu prononcer cette phrase qui est la négation absolue de tout ce qui lui est cher. La défense au pénal est bien souvent un combat perdu d'avance, mené pour la pure forme, pour la procédure et qui n'a même plus l'énergie du désespoir.

Le président :

« Vous avez passé 25 ans en prison. Vous avez 47 ans. Toute votre vie d'adulte, vous l'avez passée derrière les barreaux ! »

Le prévenu :

« Vous voyez bien que ça sert à rien la prison. »

Voilà un échange qui raconte comment un prévenu, qui défend sa peau, une énième fois en l'occurrence, peut faire preuve de mauvaise foi et raisonner par l'absurde. Bien évidemment, dans son parcours délinquant, avant de passer 25 ans derrière les barreaux, il a épuisé toutes les formes d'avertissements, d'alternatives aux poursuites, d'alternatives au procès, TIG, jours amende, sursis, sursis mise à l'épreuve (sursis probatoires aujourd'hui), peines aménageables : ce crescendo subtil, ce mille-feuilles législatif, pour que le délinquant ne rentre pas dans cette logique : prison/sortie/délit/prison. Donc oui, ce prévenu ne manque pas d'air, mais au fond, il a tellement raison. Cela ne sert plus à rien de l'envoyer une nouvelle fois en prison.

Le prévenu

(19 mentions au casier) au président :

« Les tribunaux, vous êtes d'accord qu'il faut désengorger ? »

LE PRÉSIDENT :

« Vous avez revendu du cannabis ?»

LE PRÉVENU :

« Je ne peux pas vous dire exactement oui, mais je ne peux pas dire non, non plus. »

Comme il est touchant ce trafiquant de stup, à la barre de son procès, englué dans ce conflit d'intérêt si complexe dans le prétoire. A-t-il intérêt à reconnaître les faits ? N'a-t-il pas intérêt à nier jusqu'à l'absurde ? Jusqu'à parler de menthe de Dubaï ou de farine bio du Maroc comme on l'a déjà vu plus haut ?

La justice aime quand les faits sont reconnus. Parce que cela montre un certain (« relatif » conviendrait mieux que « certain », ne soyons pas angéliques) sentiment de culpabilité. Des aveux permettent aussi de coincer les complices qui eux aussi nient à la barre. Et puis, il faut bien le dire aussi : le procès dure moins longtemps quand personne ne conteste les faits. Pour l'organisation des audiences c'est mieux. C'est tellement plus pratique pour la procédure quand les faits sont reconnus. Car il faut le savoir, dans la justice pénale, il y a deux grandes familles de dossiers : ceux où les faits sont reconnus, et ceux où les faits ne sont pas reconnus.

Mais le prévenu, lui, a-t-il intérêt à reconnaître les faits ? Si ce n'est pour soulager sa conscience, qui, on l'a bien compris n'est pas l'enjeu de ce dilemme (ne soyons pas angélique une deuxième fois).

Donc, ce qu'il faut entendre dans cette formulation tarabiscotée, c'est ça : cette hésitation existentielle. Notre homme reste au milieu du gué parce qu'il ne sait pas où est son intérêt pénitentiaire.

LE PRÉVENU :

« J'ai l'alcool méchant. C'est mon côté marin. »

Un peu d'Audiard dans un monde de brute. Il faut le prendre comme un cadeau dans ce genre d'audience, où se succèdent des affaires disparates. Une conduite en état d'ivresse, un harcèlement au travail, un vol à l'étalage, un exhibitionniste, et donc ce quadra un peu sombre, qui a eu la main (droite) un peu lourde dans un bar, un soir de bringue.

LA PRÉSIDENTE :

« Lors de votre interpellation, vous avez menacé et insulté les policiers. »

LE PRÉVENU :

« C'est l'euphorie de l'alcool. »

LE PRÉSIDENT :

« Et le cannabis ? Vous en êtes où ? »

LE PRÉVENU :

« J'ai arrêté ! C'est ça la volonté ! Juste deux ou trois joints par jour ! »

LE PRÉSIDENT :

« ... »

LE PRÉVENU :

« ... Pour moi c'est arrêter... »

Lui c'est un peu le cousin de celui qui ne peut pas vous dire exactement oui, mais qui ne peut pas dire non, non plus. Ce pourrait être le même. Dans sa volonté de dire ce que le juge veut entendre, sans mentir mais sans dire toute la vérité non plus. Mais surtout, ce dialogue illustre ce décalage de perception tellement fréquent dans les affaires de stups entre l'institution judiciaire et les délinquants consommateurs. Au fond, ce prévenu, il a la mauvaise foi des ados. Ces mensonges n'ont pas plus d'épaisseur que celui du collégien qui embellit son bulletin de notes. Il arrive souvent qu'entre ces délinquants récidivistes et la justice se noue une relation presque filiale. Le prévenu veut attendrir, et espérer que maman justice, va froncer les sourcils, mettre les mains sur les hanches et finalement dire dans un soupir : « celui-là alors », avant de lever la punition.

CODE
PENAL
2020

Le président :

« Que faites-vous actuellement comme travail ? »

Le prévenu :

« Des TIG. »

Pour comprendre cet échange, il faut savoir que le TIG, le travail d'intérêt général, est une sanction pénale. Cela consiste à condamner quelqu'un à réaliser un travail non rémunéré pour une association ou une collectivité. Pour ce prévenu récidiviste, ces TIG sont sa seule expérience du monde du travail. C'est comme s'il répondait qu'il était un délinquant professionnel, un prévenu professionnel et qu'il n'y a donc plus rien à attendre de lui. Lui n'attend plus rien d'autre en tous cas. Il visite tous les dispositifs répressifs que prévoit le code pénal, et il avance comme ça dans la vie. Il est parfaitement connu par le président du tribunal et les magistrats du parquet. Ce dialogue révèle une réalité tellement fréquente : quand la justice est la dernière institution à tenir quelqu'un debout, tout en lui tapant dessus ; pas trop fort, pour pas qu'il ne s'enfonce trop vite. Mais dans un tribunal, c'est inexorable, on s'enfonce.

Le président :

« Le casier de monsieur fait six pages, mais comme à la fin de la dernière, il est marqué -tournez s'il vous plaît- du coup je ne suis pas sûr d'avoir toutes les pages. »

Il faut le dire, la justice est une affaire de feuille A4. Malgré la dématérialisation des procédures et la numérisation du monde, la justice se rend sur imprimés. Une panne de photocopieuse générale paralyserait l'institution. Dans un palais de justice, on a des dossiers sous le bras, ou dans des caddies. Et sur le meuble du magistrat à l'audience, les dossiers s'empilent. Et donc, ce jour-là, il manque un bout du casier judiciaire du prévenu. Mais ce n'est pas si rare et on s'en arrange. Surtout ce magistrat débonnaire arrivé à la fin d'une carrière sans lustre. Il est bordélique, assez drôle, un peu raciste, cynique et provocateur. Il va partir à la retraire. Tout le monde attend ça, lui et les autres.

LA PRÉSIDENTE :

« C'est compatible les médicaments avec la cocaïne ? »

LE PRÉVENU :

« Si le traitement est adapté, ça va. »

Nous avons déjà eu l'occasion de l'écrire, le toxicomane pose problème à l'appareil judiciaire. La justice est ignorante et hypocrite sur la question des stupéfiants. Que sait-elle de la drogue, des drogues et de la dépendance ? Que sait-elle de ce qui se passe dans le corps et la tête d'un toxicomane ?

Combien de fois avons-nous entendu des tribunaux prononcer des obligations de soins pour des fumeurs de joints ? Qui se sont vu donc prescrire du Subutex ou de la méthadone, des produits de substitution qui sont aussi l'antichambre des opiacés plus puissants et plus dangereux comme l'héroïne ou le crack. Ainsi, ce prévenu, délinquant ILS (infraction sur la législation sur les stupéfiants) est devenu un vrai petit expert sur la manière de doser ses antis dépresseurs, ses produits de substitution et sa cocaïne. Jusqu'à tenir cet échange presque léger avec la présidente, en expert de la posologie de la dope, qu'elle soit légale ou pas.

Le prévenu (au début de l'audience) :

« Je suis là pour alcoolémie. Est-ce que je peux passer vite parce que j'ai rendez-vous à 16 heures chez le cardiologue ? Il faut trois mois pour avoir un rendez-vous ! »

Quand la solennité de la justice en prend un coup sur la cafetière. Nous sommes un mardi. Il est 13H45. La présidente de cette audience à juge unique, procède à l'appel des causes pour organiser son audience. Il y a 25 dossiers à juger cet après-midi-là. La salle est comble. Notre homme comparait pour conduite en état d'ivresse. Il est debout, au fond de la salle quand la présidente liste les affaires. Il est venu sans avocat. Il passera donc à la fin. Parce que l'ordre de passage répond à des considérations tout autant non écrites qu'incontournables. Qui mélange des considérations de bon sens et des politesses de gens de robes. On commence toujours par les prévenus détenus.

Pour des raisons de sécurité, et aussi pour l'organisation des escortes. Ensuite on juge les affaires dont les avocats viennent de barreaux extérieurs à la juridiction. Enfin les dossiers des avocats locaux, par ordre d'ancienneté d'inscription au barreau.

Donc notre homme qui n'a pas d'avocat sent bien qu'il ne va pas passer tout de suite, et tente ce coup de poker, tout aussi décomplexé qu'illusoire. Il va finalement lui être conseillé d'aller à son rendez-vous chez le cardiologue, et de revenir après. Il avait largement le temps. On attend encore plus longtemps dans une salle des pas perdus que chez un spécialiste. C'est dire.

2020

La présidente
(en montrant la zapette au prévenu) :
« Vous êtes à fond ?! Appuyez sur la touche + !! »

Le prévenu (en visio conférence depuis sa maison d'arrêt)
« Mais je suis à fond ! »

L'avocate :
« On se croirait dans un jeu vidéo... »

Il y a deux vérités intangibles : le prévenu a des droits et la justice en France manque de moyen. Le premier de ces droits est que le prévenu doit assister à son procès. Et quand le prévenu est détenu, le système se heurte à la difficulté d'organiser les escortes. Les policiers et les gendarmes ne veulent plus assurer ces missions qui mobilisent trop de temps et de personnels. Alors il a été décidé que c'est à l'administration pénitentiaire d'accompagner les détenus au palais de justice. Mais cette dernière manque de monde elle aussi. Il a donc été créé les ARPEJ : Autorité de Régulation et de Programmation des Extractions Judiciaires. Les tribunaux formulent des demandes pour les audiences, et c'est cette autorité qui décide les demandes qu'elle peut honorer. Car souvent elle n'a pas les hommes ou femmes nécessaires pour toutes les audiences. C'est le cas pour cet homme qui doit être jugé pour une série de vol. L'ARPEJ en Aquitaine est basée à Mont de Marsan, à une heure et quart de route de Pau. Il a été décidé de ne pas venir de Mont de Marsan pour extraire le voleur présumé. Cet homme a donc été jugé depuis la maison d'arrêt de Pau qui n'est pourtant qu'à 800 mètres du palais de justice. Dans ces cas-là on fait appel à la visio-conférence. Le procès se tient par écran de télévision interposé. Ce jour-là, ça ne fonctionnait pas. La juge a fait passer un autre dossier le temps qu'un technicien intervienne. L'image a finalement marché mais pas le son, malgré toute la bonne volonté du détenu qui manipulait les zapettes. Quand le juge se trouve tout autant démuni que le prévenu face à la technologie, la solennité de l'audience en prend un coup forcément. Et puis finalement, il a été décidé de couper la liaison décidément trop mauvaise, et avec l'accord du détenu et de son avocate, on a fait le procès sans lui.

La présidente :

« Vous m'entendez ? »

Le prévenu

(en visio conférence lui aussi)

« Ca bloque au bout d'une heure en maison d'arrêt ! »

La présidente :

« Bougez pas. On vous rappelle. »

LE PRÉVENU :

« … après j'ai été victime d'un racket à la gare. »

LA PRÉSIDENTE :

« Encore ?! »

LE PRÉVENU :

« Oui mais cette fois, c'est vrai ! »

Encore une fois, dans cet échange, il est question du dilemme entre la sincérité et l'opacité. Le prévenu a le droit au mensonge et à la mauvaise foi. Plus exactement, dans sa position, on ne peut pas lui reprocher de mentir. Et donc il ne s'en prive pas. Jusqu'à l'absurde bien souvent. Notre homme est dans l'urgence. Il alterne donc les mensonges et les vérités utilitaires, jusqu'à la contradiction.

André Labarrère, ancien maire de Pau disait : « un béarnais n'a qu'une parole. C'est pour cela qu'il la reprend quand il en a besoin. »

LA PRÉSIDENTE :

« Vous refusez les minimas sociaux. Il y a plein de gens qui vivent du RSA. »

LE PRÉVENU

(55 ans dont 25 en prison pour des cambriolages) :

« C'est leur problème. Tant mieux pour eux s'ils y arrivent. »

LA PRÉSIDENTE :

« Et travailler ? Vous avez eu un CAP électricien en prison. »

LE PRÉVENU :

« On vous le donne en prison. J'y connais rien en électricité. »

Voilà un autre prévenu suicidaire. A son âge, il n'attend plus rien ; de l'institution et surtout de lui-même. Pendant son procès, cet homme flegmatique jette des coups d'œil sur le côté, vers le banc de la presse, pendant que la présidente fait son CV judiciaire, et il hausse les épaules. Il s'est résigné à cette vie en semi-liberté. Alors quand à l'audience, on lui parle de réinsertion, de « préparer sa sortie », il a cette réplique implacable, parce que tellement vraie, et renvoie une fois de plus le juge à sa naïveté institutionnelle.

LA PROCUREURE :

« Dans la mesure où monsieur est SDF, il lui est difficile de justifier d'une adresse. »

LA PRÉSIDENTE :

« … en répression, le tribunal vous condamne à la peine de 15 mois de prison ferme, et prononce votre maintien en détention. »

LE PRÉVENU

(23 mentions au casier judiciaire)

« Mais j'ai autre chose à faire dans la vie moi ! »

Cette fois, c'est le prévenu qui est d'une naïveté touchante. Comment cet homme qui a donc 23 condamnations, peut-il penser qu'il va échapper au maintien en détention après cette nouvelle sanction ? Une nouvelle fois, pendant son procès, il a juré la main sur le cœur. « Oui j'ai conduit, mais je ne bois plus. Sauf ce soir-là. Et puis il m'a cherché. »

Parce que la naïveté n'est pas son seul défaut. C'est aussi un impulsif.

LA PRÉSIDENTE :

« Mr xxx ? »

LE PRÉVENU :

« Ouais ? »

LA PRÉSIDENTE :

« On dit oui, s'il vous plaît. »

LE PRÉVENU :

« Oui s'il vous plaît. »

C'est une réalité des audiences : les délinquants sont parfois des êtres vulnérables. Dangereux, et vulnérables. Notre homme ici à une intelligence très limitée. Ce dialogue, n'est pas une provocation ou une plaisanterie. C'est ça le pire au fond. Il est tellement limité qu'il est aux portes du handicap mental. Il est sous curatelle renforcée. Lâché par sa famille. Son curateur est à ses côtés dans la salle, et il éclaire le tribunal sur sa situation sociale. Son discernement est plein et entier d'après l'expert psychiatre, ou alors légèrement entamé, ce qui ne change pas fondamentalement la réponse judiciaire d'ailleurs. L'expertise psychiatrique souligne ses faiblesses intellectuelles mais déclare qu'il est accessible à une sanction pénale. Il relève plus du handicap mental que de la folie. Pour faire simple, pour qu'il soit déclaré irresponsable, il faudrait qu'il se prenne pour Napoléon. Mais cette expertise a quelque chose de désespérant. Pour ces justiciables-là, et il y en a beaucoup, personne n'a de prise. Il sont dans un triangle des Bermudes social : hôpital psychiatrique/Palais de Justice/Maison d'arrêt.

LE PRÉSIDENT :

« Vous avez déjà été admis en hôpital psychiatrique ? »

LE PRÉVENU :

« Non, mais j'aimerais bien. »

LE PRÉVENU (toxicomane):

« Je vais vous dire la vérité madame la présidente. En prison, je ne suis pas si mal. Je suis allongé toute la journée. Je regarde la télé. J'ai mes traitements. »

Ce dialogue est à faire figurer dans le long chapitre sur la justice et le toxicomane. La prison est un univers d'une grande dureté. La prison « trois étoiles » n'existe pas et ce qui suit ne doit pas entretenir cette croyance nauséabonde. Mais ce que décrit notre homme est aussi une réalité pour cette catégorie de détenu. Dehors, cet homme est en chute avant permanente. Sans cesse en train de chercher de quoi acheter ses produits, sans même avoir un toit sur la tête. Alors, son quotidien en prison est dur, mais tellement moins que celui qui l'attend dehors. Pourvu qu'il ait sa méthadone.

LE PRÉVENU :

«La prison ? Moi personnellement, je ne m'y plais pas du tout. »

RÔÔÔÔÔ
2020

La présidente

« Il est où le pull ? »

Le prévenu

(pour vol de pull) en ouvrant son blouson :

« Il est là. »

C'est un des « avantages » de la comparution immédiate. Vous vous faites prendre en flagrant délit. 48 heures de garde à vue plus tard vous voilà devant le tribunal à répondre d'un vol de pull avec le dit pull sur les épaules. Notre homme est un prévenu sous curatelle. Un cas judiciaire désespéré. Il a 28 ans et compte déjà 16 mentions sur son casier judiciaire. Il a 12 ans d'âge mental, tout en présentant une réelle dangerosité. A propos de ce profil de délinquant, une parquetière dit que ce sont « des bébés avec du poil autour ».

Et donc il apparait devant ses juges tels qu'il a été attrapé : en flagrant délit, avec la violence que cela implique, ou alors au saut du lit. C'est la procédure qui veut ça. Il a donc passé 48 heures en garde à vue parfois. Et il comparait, toujours dans les mêmes habits. Sans avoir pris une douche. L'état du commissariat de Pau ne le permet pas. Finalement, il est tout à fait logique qu'il ait encore l'objet du délit sur les épaules, au moment de son procès.

L'AVOCATE :

« Si vous l'envoyez en prison, il faut qu'il s'organise. Il a des cochons dans son appartement. »

On est là encore dans le charme « discret » de la comparution immédiate et ses conséquences organisationnelles. Quand cette phrase est sortie de la bouche de l'avocate, la présidente, qui en a pourtant entendu bien d'autres, n'a pas pu s'empêcher d'exprimer sa stupéfaction. L'avocate débarque dans cette procédure. Elle a rencontré son client dans le couloir avant l'audience. C'est un bosniaque, boucher de son métier. Il parle le français juste assez bien pour qu'on n'ait pas à convoquer un interprète assermenté. C'est tant mieux parce que l'interprète alourdi la procédure, il coûte cher à la justice qui peine à les payer. Il rallonge les audiences surchargées. Alors, l'évaluation des capacités linguistiques de notre boucher bosniaque est vite faite.

Renseignements pris, ses cochons sont en fait chez un ami à la campagne, pas dans son appartement. On respire. L'avocate avait mal compris le français balkanique de son client. Comme quoi, un interprète n'aurait pas été du luxe.

Et puis, elle était à court d'arguments pour éviter à cet homme, déjà 6 fois condamné pour conduite en état d'ivresse, d'être placé en détention sitôt sa comparution. Le bosniaque est allé un mois en prison.

La présidente :

« On va maintenant décider si vous restez en détention ou si vous êtes placé sous contrôle judiciaire. Vous comprenez ? »

Le prévenu :

–silence–

« Comme quoi ? »

Nous sommes fin juillet. Le parquet a décidé cette audience de comparution immédiate bricolée avec les rares moyens humains présents en cette période de vacation. Le prévenu est un guinéen de 19 ans. Il a été arrêté pour des violences et des bris de vitres. Mamadou ne parle pas un traître mot de français. Il baragouine mais de toute évidence on ne le comprend pas assez pour s'assurer de ce que lui-même comprend. L'avocat de permanence a tenté de prévenir le tribunal au début de l'audience. Il vient de discuter avec son client avant l'audience, et il n'a rien compris. La présidente a balayé cette remarque, avant de constater elle-même qu'elle ne comprenait rien. Elle s'est demandé comment les policiers ont fait pour rédiger ce compte rendu d'interrogatoire. La magistrate a décidé de renvoyer l'affaire au 12 août (et de le maintenir en détention en attendant). La greffière, en rangeant ses affaires, a soufflé : « bon courage aux collègues pour trouver un interprète en peul en plein mois d'août ! Moi je suis en vacances demain ».

Le prévenu
(à un tribunal exclusivement féminin) :

« J'ai rencontré une femme exceptionnelle. Elle appartient à une gent féminine qui ne s'intéresse pas à l'argent. »

De l'intérêt de regarder à qui on parle. La magistrature s'est considérablement féminisée. Alors même si le juge dans sa robe, n'a pas de sexe, il est illusoire de penser que cette révolution ne modifie pas la manière de rendre justice. Il n'est pas rare d'observer que ce genre de prévenu machiste se tourne vers l'unique mâle présent sur l'estrade. C'est le cas de notre beau mâle. Il se tourne vers le vice-procureur en l'occurrence. En mode « sors moi de là mec !» Il cherche son salut auprès de celui qui le poursuit. Un comble.

Notre homme a la soixantaine bien sonnée. Ce n'est pas un provocateur. C'est un bavard maladroit et égocentré. Qui croit utile de raconter sa vie pour une banale affaire de conduite en état d'ivresse. On imagine sans peine le tyran domestique qu'il doit être. Il nous a même parlé de la nocivité de son ex-femme qui a « enfermé ses deux enfants dans leurs complexes d'œdipe ».

L'AVOCATE DU RÉCIDIVISTE

(avant sa 42éme condamnation) :

« Je ferais remarquer au tribunal que sur ces 41 condamnations, mon client n'a eu que 9 sursis mise à l'épreuve. »

Ce plaideur est un cousin de l'avocat qui ne veut pas influencer le tribunal et de ce prévenu qui voit dans son casier la preuve que la prison n'empêche pas la récidive. Alors on peut rire de cet emballement chiffré. Mais une fois que l'on a ri, que plaider pour cet homme ? Ce cambrioleur est tellement connu des enquêteurs qu'il ne prend même plus la peine de masquer son visage, tellement les policiers le reconnaissent à sa silhouette et à sa démarche sur les images de vidéo surveillance. Il y a quelque chose de routinier dans cette comparution. Mais cet avocat est payé pour ne pas se résigner. Mal certes, mais payé quand même.

LA PRÉSIDENTE (au prévenu) : **« Arrêtez de vous ronger les ongles ! »**

La juge est là dans la toute-puissance. Ce métier de magistrat peut produire cet effet sur les esprits faibles. La présidente est une juge d'instruction qui se trouve chargée du fardeau des audiences de juge unique. Elle n'aime pas être là. En plus elle n'a pas eu sa « transpa ». C'est le diminutif de la « transparence », les avis de mutations des magistrats. Un bien joli nom qui relève de l'euphémisme. Ces transparences sont d'une opacité absolue.

Donc notre juge n'a pas eu sa « transpa ». Elle est mal lunée. Alors elle est agacée par ce prévenu récurent. C'est celui, souvenez-vous, qui a été racketté à la gare, mais que « cette fois c'est vrai ».

Son cabinet de juge d'instruction regorge de dossiers criminels urgents, et elle, elle perd son temps à présider cette audience minable. A juger ce prévenu sous curatelle qui a donné un coup de parapluie à une retraitée pour lui voler son paquet de cigarettes.

Et puis quoi ? Elle a horreur des gens qui se rongent les ongles.

L'AVOCAT :
« Mais moi je n'y connais rien au pénal ! »

En entendant cette phrase, lâchée au moment de l'appel des causes au début de l'audience, on est obligé d'y trouver un sens. Donc, notre avocat est un ancien du barreau (en plus). Son renom l'a éloigné du pénal. Il fait son beurre devant des juridictions plus rémunératrices. On connaît mieux son fils, qui va sans doute reprendre le cabinet de papa plus tard. Le fils, lui se fait les dents au pénal. Mais, ce jour-là, le fiston est empêché et a demandé à son père de le représenter pour obtenir le renvoi de l'affaire. Ça ne devait pas faire un pli. Mais ce jour-là, le tribunal n'est pas disposé à renvoyer. La grève des avocats vient de se terminer et le stock des affaires à juger a gonflé : « Vous êtes avocat, vous représentez monsieur, le dossier est prêt, tout le monde est là, on prend le dossier. »

La présidente :

« Dites la vérité. Pourquoi avez-vous cette arme factice air soft ? »

Le prévenu :

« Pour jouer aux gendarmes et aux voleurs. »

La présidente :

« Et vous êtes le voleur j'imagine ? »

Le prévenu :

« Oui. »

Le prévenu est encore dans la colère. Il a harcelé son ex au téléphone, depuis la prison où il purge une peine pour violences conjugales sur cette même jeune femme. Profitons-en pour enfoncer une porte ouverte. A longueur d'audience, il est question de détenus communiquant vers l'extérieur par téléphone. Précisons que la détention et l'usage de téléphone en prison sont tout autant interdits que répandus dans nos prisons. On se dit qu'il serait peut-être temps aujourd'hui d'autoriser (en le réglementant) le téléphone portable en détention. Ou alors continuons dans ce jeu de dupes. A moins que cette tolérance soit en réalité un formidable outil pour les magistrats instructeurs dotés de grandes oreilles. Avec la technologie, il est également de plus en plus fréquent de trouver dans les dossiers de précieuses écoutes téléphoniques de détenus.

Mais revenons à notre homme. Il n'a sans doute pas compris que cette colère, il doit la laisser à l'extérieur de cette salle d'audience. Il ne l'a pas compris, ou bien il en est incapable. Alors cette colère, il la dissimule bien mal derrière cette apparente désinvolture, teintée d'humour. Mais cela reste un autre exemple d'autodestruction judiciaire.

La procureure :

« On peut acheter un téléphone en prison ? »

Le prévenu :

« Oui. »

La procureure :

« Et depuis quand ? »

Le prévenu :

« Depuis que le téléphone existe. »

La présidente :

« A votre sortie, il faudra justifier d'un domicile pour votre mise à l'épreuve. »

Le prévenu

(qui vient de prendre 16 mois fermes) :

« C'est pas demain la veille. J'ai le temps alors ! »

Les magistrats du siège, ceux qui jugent, aiment penser que les condamnés ont tout compris au « sens de la peine ». Que ces mois de prisons fermes, en plus de leur taper sur la courge, ont une signification qu'ils doivent assimiler, pour éviter la récidive. C'est ce que tous les juges ont appris à l'école des magistrats.

Notre homme a 26 ans. Il part pour 16 mois fermes, qui s'ajoutent à la peine qu'il est en train de purger pour encore cinq longs mois. Il a donc devant lui un an et neuf mois derrière les barreaux.

A sa sortie, il devra se soumettre à une période de mise à l'épreuve qui durera 5 ans. Avec des obligations de travail et de soins psychologiques. C'est ce que la présidente lui demande d'ores et déjà d'assimiler sitôt la sentence prononcée. Mais à cet instant-là, ce moment de la sortie est bien trop loin. Un an et neuf mois, c'est une éternité quand on a 26 ans. C'est ce qui s'exprime dans ce dialogue. Il n'est pas rare de voir des détenus préférer saboter la partie « sursis » de leur peine. Ils sortent de prison, et délibérément, ils ne respectent pas les mesures de mise à l'épreuve du type obligation de soins, de travail ou surveillance électronique, trop contraignantes pour eux. Ils sont alors reconduits en prison et au fond ils préfèrent. Mieux valent quelques mois de prison ferme, que rendre des comptes à l'institution judiciaire pendant deux ans.

La prévenue
(72 ans qui a rasé la haie de son fils avec un tracteur) :
« Avec mon fils, ça irait bien, mais il y a une belle-fille. »

Denise, c'est le prénom de notre héroïne, a donc comparu pour ce conflit de voisinage musclé, réglé grâce à la barre de coupe de son Massey Ferguson. Ce jour-là, on juge aussi un comptable escroc récidiviste, un cambrioleur compulsif, un père violent et un agresseur sexuel. Denise est là parce qu'elle ne supporte pas sa belle-fille qui voudrait que son mari, le fils de Denise, fasse comprendre à sa mère qu'elle ne doit pas se croire autorisée de tailler cette haie de tuyas. Denise, avec son mari, a donné cette ferme à son fils, et donc à sa femme, pour transmettre l'exploitation familiale. Alors Denise, trouve que son fils et sa bru sont bien ingrats.

La justice a tenté de convaincre Denise de son intérêt à accepter une médiation pénale. Refusée. On a tenté la CRPC (comparution en reconnaissance préalable de culpabilité), la forme française du plaider coupable. Refusée également. C'était trop demander à Denise, aussi rigide que la barre de coupe de son Massey Ferguson. Alors Denise a comparu. Elle s'est expliquée et elle a pu dire devant tout le monde ce qu'elle pensait de sa belle-fille. Elle a été reconnue coupable et condamnée à une peine d'amende de principe. Tout le monde a perdu son temps. Mais au moins, le tribunal s'est diverti, entre deux affaires sordides, ou tristes, ou les deux en même temps, avec des vrais délinquants cette fois.

LE PRÉSIDENT :

« Qu'est-ce que vous envisagez pour votre avenir ? »

LE PRÉVENU

(d'avoir tiré sur son fils) :

« Je vais faire réparer la voiture. »

Il convient de lever tout de suite un malentendu. Ceci n'est pas une bravade. Ce prévenu est simplement très premier degré. Il n'a aucune capacité d'élaboration. Il est très bête et confit dans l'alcool. Il est délinquant par manque d'intelligence. Il n'a pas répondu à une seule question du tribunal. Il n'écoute rien. Il ne laisse pas une seule question se terminer. Il est en boucle pendant toute l'audience. Le président a finalement renoncé à établir une relation avec lui. Il l'a condamné à quatre ans de prison ferme. Son avocate ne le comprend pas plus que le tribunal malgré ses efforts à elle aussi. Et puis il y a le fils, victime de ce coup de feu. Il a parlé quand on lui a demandé, et surtout il a regardé et écouté. Et sur le banc des parties civiles il semble demander à toute l'assistance : vous comprenez ce que je vis maintenant ?

LE PRÉSIDENT :

« Pendant votre minorité monsieur, vous êtes allé en centre éducatif fermé. »

LE PRÉVENU :

«C'est vous qui m'y avez mis. C'est pas moi qui y suis allé !»

Ce jeune homme est comme le prévenu précédent. Il est incapable de distinguer le sens propre du sens figuré. C'est un jeune hyper violent qui comparait pour avoir agressé un homme qu'il avait déjà violenté quelques mois avant. Cette première agression n'est pas encore jugée. Et c'est justement pour lui extorquer, par anticipation, les dommages et intérêts qu'il va sans doute devoir lui payer plus tard qu'il a essayé de lui extorquer de l'argent. Le mobile en dit long sur ses capacités intellectuelles. Et il explique à l'audience : *« deux dents cassées ça va chercher dans les 1000€*

au moins ». Alors il lui a demandé 1000 euros en lui tapant sur la courge. C'est un abruti hyper violent, et donc extrêmement dangereux. D'ailleurs la victime (légèrement traumatisée) n'est pas venue.

L'(APPRENTIE) PROCUREURE :
« Monsieur ne veut pas balancer ses complices, c'est tout à son honneur. »

Cette apprentie procureure, est ce que l'on appelle une auditrice de justice. C'est une élève de l'Ecole Nationale de la Magistrature. Dans leurs cursus, ces jeunes gens effectuent des stages dans les juridictions. Enfilent la robe pour la première fois, et confrontent leurs jeunesses et leurs immaturités à la rude réalité de l'audience. Rassurez-vous, un magistrat titulaire est à leurs côtés pour éviter les grosses bourdes. Les apprentis n'interviennent que dans les affaires les plus simples.

Manifestement, notre élève procureure, ce jour-là, a mal évalué la position du ministère public. Ne croyez surtout pas que dans sa bouche, il y avait de l'ironie ou du second degré. Les auditeurs de justice sont encore à des années-lumière de se permettre cela à l'audience. Ce qu'elle vient de dire peut se penser et se concevoir, mais ne doit pas sortir de la bouche d'un procureur à l'audience. Dans le monde judiciaire, le gentil c'est le policier. Quand l'élève se rassoit après ses réquisitions, on entend toujours son aîné chuchoter pour un debrief à chaud. Ce jour-là, il nous a semblé, depuis la table de presse juste à côté, que le chuchotement était un peu plus fort que d'habitude.

Le prévenu
(pour violences conjugales)
« Il y a taper et taper. Prendre par la gorge, c'est pas taper. Moi, on m'a pris plein de fois par la gorge et je ne suis pas mort. »

Que l'on ne s'y trompe pas. Notre homme a copieusement frappé sa compagne. Il ment donc quand il dit qu'il n'a fait « que » l'attraper par le cou. Mais quand il dit que, pour lui, « prendre par la gorge, c'est pas taper », il est parfaitement sincère. Dans son monde à lui, faire mine d'étrangler, ce n'est pas une violence, puisqu'on fait juste semblant. Il est tellement dépourvu d'empathie, qu'il est incapable se mettre à la place de la victime qui ne sait rien bien sûr de ses intentions en sentant ses doigts autour de son cou.

La seconde partie de la phrase est pire d'une certaine manière : « Moi, on m'a pris plein de fois par la gorge et je ne suis pas mort ». Pour lui la vraie violence est celle qui conduit à la mort. Ce qui ne tue pas, on s'en remet.

Quand le tribunal va se pencher sur la personnalité et le parcours de vie du mari violent, on va apprendre que le prévenu a été placé, dès sa plus tendre enfance. Et quand il passait le week-end chez sa mère, son beau-père, qui ne pouvait pas le supporter, l'enfermait pendant deux jours dans un placard avec ses bergers allemands.

ST AQVITATOR
2020

Le prévenu
(qui demande un renvoi) :
« J'ai eu mon avocat au téléphone ce matin. Il m'a dit : dis-leur que tu n'as pas réussi à me joindre. Ils seront obligés de renvoyer. »

C'est une audience de confinement. Ce jeune de 22 ans a volé un carton de masques dans un Algéco qui appartient à l'hôpital d'Orthez. Il comparait sans avocat. Ce procès improbable dans un palais de justice vide, n'a pas motivé son conseil habituel. Sous le feu des questions sur son absence, ce jeune a donc fini par lâcher cette idiotie, qui a au moins le mérite de la vérité. Ce type de rapport entre délinquant et avocat n'est pas rare dans le monde de l'aide juridictionnelle. Ce jeune homme est en rupture totale. Sans emploi ni le moindre diplôme, il n'a même plus de carte d'identité. Il ne sait que lire, et cela relève déjà du miracle pour cet homme déscolarisé depuis la cinquième. Au fond, ce vol de masques FFP2, en pleine épidémie de coronavirus, raconte à quel point il est déconnecté du reste de la société.

LA PRÉSIDENTE

(après avoir renvoyé l'affaire à 6 mois):

«Ça serait bien monsieur qu'il n'y ait pas d'autres actes avant la prochaine audience. »

LE PRÉVENU

(d'harcèlement sur sa conjointe):

«Ça ce n'est pas sûr... »

Nous sommes en pleine grève des avocats. Alors on organise les audiences comme on peut. Pendant cette grève la justice a dû jouer avec le feu et renvoyer des affaires urgentes, faute d'avocat. Pour cet homme, elle avait choisi la procédure de comparution immédiate pour aller vite. Frapper vite. Aussi vite que ce jeune homme sur sa jeune compagne. Celle-ci quelques jours après les faits et sa plainte, n'est plus trop sûre de vouloir aller au bout de sa démarche. Surtout qu'il est là, dans la même salle qu'elle. Ce que vient de dire cet homme, sans la moindre agressivité, n'est même pas une menace. C'est juste la vérité. C'est sans doute ce qui est le plus inquiétant.

L'AVOCATE :

« Les enquêteurs n'y croivent même pas. »

Oui, je sais. C'est trop facile de se moquer. Parce que la plaidoirie est un acte courageux. L'avocat porte une parole solennelle. Les enjeux sont importants. C'est bien souvent, un acte désespéré, on l'a vu. La plaidoirie c'est un engagement. Dans tous les dossiers. Et cette parole n'est pas galvaudée, même dans ce petit dossier sans envergure. Mais c'est bien ce que l'on a entendu cet après-midi-là. On ne pouvait que l'entendre, tant l'avocat, au moment de sa plaidoirie capte l'attention de tous. Mon ordinateur s'entête avec sa petite et étroite intelligence artificielle à souligner de rouge « croivent ». Il me faut rester sourd et aveugle devant mon écran.

Cette avocate est jeune. Ce n'est bien sûr pas une excuse, et encore moins une façon de dire que les jeunes avocats de maintenant sont « ignares ».

Alors on compatit d'avantage qu'on accable. On l'a dit plus haut, l'avocat est écouté par toutes les oreilles d'un tribunal quand il plaide. Il est sur concentré. Il parle sans lire. C'est cette surconcentration qui génère ce genre de faute. Elle était tellement concentrée qu'elle est sans doute la seule à ne pas avoir entendu cette conjugaison du verbe croiver. Et c'est mieux comme ça.

2020

L'AVOCATE
(à propos d'un prévenu français et noir) :
« Monsieur est médecin. Il connaît le français comme nous. »

On a beau dire, comme précédemment, qu'une plaidoirie est improvisée, il y a des « fourchages » de langue en revanche qui ne passent pas. A condition que l'on considère cette phrase comme un lapsus, il est à coup sûr révélateur. Révélateur d'une étroitesse d'esprit qui relève plus, on préfère le penser, de la bêtise que de la méchanceté crasse. Notre avocate est une bourgeoise de province. Elle est issue d'un monde blanc comme son hermine. Tout autre couleur est une incongruité. Charmante ou choquante selon les cas, mais une incongruité quoi qu'il en soit. Pendant que l'avocat de ce père maltraitant, évoquait le parcours méritant de son client né à Reims et donc, antillais par sa mère et d'origine ivoirienne par son père, on a entendu cette même avocate murmurer à sa voisine : « il y en a beaucoup maintenant !... »

Mais que diable cette femme de loi a en tête ? Que met-elle dans ce « y » ?

Personne n'a relevé cette phrase dans sa plaidoirie. Tout le monde l'a entendue et en a perçu l'obscénité. En tout premier lieu la personne visée par cette saillie. Mais l'enjeu de ce procès douloureux a épargné cette avocate. Les priorités sur le coup étaient ailleurs.

La présidente :

« Le tribunal regrette que vous n'ayez pas de justificatif de domicile fiable. La prochaine fois, il faudra y veiller. »

La présidente vient de condamner cet homme pour des violences sur son propriétaire et voisin. Elle explique brièvement au condamné les dispositions de son jugement. Et lui fait remarquer que s'il est maintenu en détention après cette audience qui se termine, c'est en partie parce qu'il n'était pas en mesure de justifier d'une adresse autre, puisqu'il était inenvisageable qu'il retourne vivre aux cotés de sa victime, qu'il a assommé avec une casserole (remplie de sauce tomate, on imagine la scène).

La présidente a cru bon d'ajouter ce conseil « pour la prochaine fois ». Comme s'il est parfaitement évident qu'il y aura une prochaine fois concernant cet homme instable condamné pour la neuvième fois. Quand on préside un tribunal correctionnel, le réalisme confine parfois au cynisme. D'ailleurs le prévenu lui-même n'a pas réagi. Il a même promis qu'il sera parfaitement domicilié « la prochaine fois ».

La présidente :

« Avez-vous une adresse ? »

La prévenue :

« Non. »

La présidente :

« Dans votre dossier je lis : 14 rue Viard à Pau. »

La prévenue :

« Oui. C'est la maison d'arrêt. »

La présidente est une jeune magistrate. C'est la première fois qu'elle préside cette audience du tribunal correctionnel de Pau. Ça, nous le savons, nous qui sommes des habitués, mais les justiciables l'ignorent. Comment un juge qui envoie chaque semaine des citoyens derrière les barreaux de cette maison d'arrêt peut en ignorer l'adresse ? Cette magistrate est une « juge placée ». C'est-àdire qu'elle n'a pas de poste attitré. Elle bouche les trous dans les tribunaux d'aquitaine qui sont du ressort de la cour d'appel de Pau. Habituellement elle est à Bayonne. Mais, pour quatre mois on lui a demandé de remplacer une juge d'instruction, et de présider des audiences de temps à autres. Elle n'est jamais venue à Pau, et donc ne connait pas l'adresse de la prison. D'une certaine manière, la présidente et la prévenue sont des sans domicile.

2020

LA PRÉSIDENTE :

« Vous en êtes où au niveau justice ou police ? »

LE PRÉVENU (récidiviste) :

« Rien. Enfin. J'ai fait une ou deux conneries mais je ne me suis pas fait attraper. Vous voulez que je vous les dise ? »

LA PRÉSIDENTE (embarrassée) :

« Non, non ! »

L'AVOCATE DE LA DÉFENSE
(encore plus embarrassée) :

«Non, non! Vous me les direz à moi, en secret. »

Ce prévenu est un cas. C'est la dixième fois qu'il comparait. Pour trois faits. Des violences, des menaces et un vol à l'étalage. Il est sous curatelle renforcée. Il a 29 ans. C'est un enfant adopté d'origine polonaise. Ses parents adoptifs, des médecins, ont renoncé. Il est instable psychologiquement. « Etat limite à tendance psychopathique » disent les experts. Impulsif comme personne. Son intelligence est limitée, ou plutôt bridée par cette personnalité problématique. Il passe des rires aux larmes à la barre. Il n'y a plus que son travailleur social, son avocate et la justice qui se penchent encore sur son cas. Son débit de parole est ralenti par les traitements. C'est la chimie qui le tient parmi nous. Son impulsivité le rend violent et dangereux. Depuis le début de son parcours délinquant, la justice a bien senti cet « état limite ». Elle a demandé des expertises psychiatriques, qui l'ont à chaque fois déclaré pleinement responsable de ses actes. Ce jour-là, l'expert judiciaire a rendu le même avis, mais nuance, pour la première fois, en écrivant que l'on pourrait se poser la question de l'altération de son discernement. Il n'en faut pas plus au parquet et à la juge pour s'engouffrer dans la brèche. Il est condamné une nouvelle fois à des heures de travail d'intérêt général et à une peine de prison avec sursis.

La présidente prend un vrai risque. On l'a dit, notre homme présente un vrai danger pour lui et pour les autres. Son casier et la gravité des faits mériteraient la prison ferme. Mais un autre principe de justice s'impose pour cet homme : l'individualisation des peines. Tous les jours les tribunaux sont contraints de prendre ce genre de risques avec ce genre de prévenu, à la frontière de la folie, tant sa place n'est pas en maison d'arrêt.

Le prévenu
(pour le vol d'un blouson à 360 euros) :
« Je préfère investir dans la qualité. »

On se demande bien comment on peut déclarer une telle chose à la barre de son propre procès. Parce que ce n'est pas un trait d'humour. C'est une déclaration au premier degré. Pour tout dire on est toujours avec le même prévenu. Cette répartie le décrit assez bien. Il n'a pas de filtre. Il dit ce qui lui passe par la tête. Il se sent en confiance dans cette salle d'audience, qu'il connaît bien. Parce qu'il n'y a qu'ici qu'on l'écoute vraiment. Qu'il peut quitter sa panoplie de caïd SDF isolé.

LA PRÉSIDENTE :

« Monsieur Romain P.... est-il là ? »

LE-A PRÉVENU-E SE LÈVE. C'EST UNE FEMME.

LA PRÉSIDENTE :

« De toute évidence vous n'êtes pas Romain P... »

LE-A PRÉVENU-E :

« Si. »

Ce dialogue se déroule au moment de l'appel des causes. Quand la présidente appelle toutes les personnes concernées par les affaires qui vont être jugées dans les heures qui vont suivre. Pour savoir si elles sont présentes et/ou représentées par un avocat. Quand cet appel est fait, la juge peut organiser son audience. C'est le moment des méprises, qui peuvent être douloureuses. On a entendu des présidents appeler une victime, oubliant que cette personne est décédée dans l'accident de la route qu'il s'apprête à juger.

Dans le cas présent, Romain est donc une personne transgenre. Maquillée, les cheveux lissés, un pull près du corps et une jupe droite, Romain est la femme qu'il souhaite être. La présidente est tombée dans le panneau, mais elle a su en sortir poliment, sans présenter d'excuses maladroites. Quant à Romain, elle n'a pas bronché. Elle n'a pas fait l'offusquée. Sans doute en a-t-elle entendu d'autres. Peut-être aussi a-t-elle pensé que sa transformation est décidément une réussite.

La présidente au prévenu :

« Vous avez la parole en dernier. Souhaitez-vous ajouter quelque chose ? »

Le prévenu :

« Je repasse le 28 mai (dans 19 jours) pour des menaces. »

La présidente :

« Ah bon ? »

Le prévenu :

« Je voulais vous le dire d'avance... »

On l'a compris, notre homme est un habitué des audiences correctionnelles du Tribunal de Grande Instance de Pau. Il vient de comparaître une nouvelle fois. Il est bien placé pour connaître les problèmes que posent son profil de délinquant récidiviste. L'arsenal répressif s'est « enrichi » de dispositifs de peines au gré des réformes du code pénal. Ce « mille-feuilles» répressif a au moins le mérite de permettre la subtilité dans la graduation des peines. Comme l'a écrit le génial Michel Audiard : « les bénéfices, ça se divise. La réclusion ça s'additionne ».

Le prévenu fait donc le choix tactique d'anticiper sa prochaine comparution comme pour dire à la présidente, qui va se retirer pour délibérer : « ne tapez pas trop fort. Je reviens très vite. Gardez du mou. »

LA PRÉVENUE :

« Ma chienne, elle en est malade. Je l'ai mise sous prozac. Vous vous rendez compte ?! Maintenant elle me fait de l'eczéma ! »

Cette femme qui comparait est à bout. Elle est jugée pour avoir commis des violences sur des collégiens qui attendaient le bus devant chez elle. Elle est à bout parce que des élèves du collège voisin de son petit pavillon ont pris l'habitude d'énerver ses deux chiens en passant devant son portail. En écoutant l'audience on pense à la guerre des boutons. A ces enfants turbulents que nous fûmes tous. La prévenue, elle, pas du tout. Elle est sortie de chez elle, à foncé tout droit vers l'abribus en insultant les collégiens avant de les asperger copieusement de gaz lacrymogène.

Son casier est vierge. Elle fait des ménages tôt le matin. Elle a acheté cette petite maison pour que ses deux chiens, un ratier et un border collie, aient un jardin. Et donc, elle a la dépression altruiste. Son chien ne supporte plus les taquineries des enfants, et gobe le même prozac que sa maîtresse. Elle pense, sincèrement, qu'elle va apitoyer le juge avec l'eczéma nerveux de son chien. Que cet érythème sous le poil de son ratier est la preuve de son innocence.

L'AVOCATE :

«Comment voulez-vous qu'il arrête le cannabis en prison ? Il est gratos là-bas ! »

Il y a des vérités qui claquent dans le flot d'une plaidoirie. L'avocate a été bâtonnière. Elle a toujours fait du pénal. Ce client s'est réfugié dans son cabinet. Elle est de ces avocates maternelles. D'ailleurs, juste avant dans sa plaidoirie, elle venait de passer un savon à ce jeune récidiviste sous curatelle renforcée. Il a bientôt trente ans, mais il a maturité d'un ado de 15 ans. Cette fois ci, la peine de prison ferme lui pend au nez, avec un maintien en détention à l'issue de cette comparution immédiate. Alors l'avocate a lâché cette phrase. Cette réalité avérée que le cannabis circule dans les maisons d'arrêt aussi abondamment que les cartes SIM. Une réalité que tous les juges feignent d'ignorer à l'audience, et seulement à l'audience. Cette avocate chevronnée sait parfaitement qu'elle aurait pu épargner le tribunal de cette lapalissade de la justice pénale. Mais parfois, quand on a laissé le cynisme en dehors de sa pratique professionnelle, il faut que ça sorte !

Le prévenu :

« On a fait une garde séparée. »

Quand on juge une personne, le procès aborde toujours sa personnalité, son parcours de vie. Alors il a parlé de feu son couple. De son ancienne femme et des enfants qu'ils ont ensemble. Et il a donc ce lapsus à la barre, tellement révélateur. Sans doute que cette méprise s'entend couramment durant les audiences à huis clos des juges des affaires familiales. Quand les enfants sont des enjeux stratégiques entre un père et une mère. Leur garde n'est pas alternée, mais bel et bien séparée.

LE PRÉSIDENT (à propos du prévenu absent):

« Il a déclaré aux enquêteurs qu'il est inconnu de la justice, de la police et de la gendarmerie. Ce qui s'est avéré pas tout à fait exact puisque son casier fait mention, à 19 ans, de 11 condamnations. »

La présidente juge un absent. Ce jeune n'est pas venu s'expliquer pour ce 12ème procès. Le prévenu est une savonnette. Et son capital récidive en dit long. Le prévenu n'est pas là, alors qu'il a été cité à comparaître chez lui, par un huissier de justice pour accuser réception. Quand le banc des prévenus est vide, ça donne toujours une impression étrange. Comme si toutes les personnes présentes à l'audience, avant tout les magistrats, sont plus soucieuses de son sort que lui-même. Comme s'il avait décidé de ne pas être des nôtres. Jamais. Et personne ne sait si sa jeunesse est une raison d'espérer ou de désespérer.

LE CONDAMNÉ :

« Sois tranquille. Tu n'as plus à avoir peur. Je ne te ferai plus jamais de mal. »

LA VICTIME :

« Bonne continuation. »

Cet échange sera le dernier de la collection. Ne cherchez pas. Il n'y a rien de drôle dans cet échange.

Ce qui a précédé peut laisser croire parfois que la justice des hommes est vaine. Ce dialogue est la preuve du contraire. Nous sommes aux assises. Le procès est terminé. Le condamné part pour 10 ans de réclusion criminelle. Avec des complices, il a enlevé ce tout jeune homme qu'il ne connaissait pas, embarqué de force dans une voiture. Ils vont lui faire subir des violences et des menaces pendant plusieurs heures pour obtenir sa carte bleue et le code qui va avec. Le jeune homme, plus d'un an après les faits, est encore traumatisé. Il a passé les quatre jours du procès à regarder ses chaussures. Il a été auditionné devant ses bourreaux. Il n'a pas eu la force de tourner une seule fois le regard vers le box des accusés.

Les deux complices ont reconnu les faits et ont exprimé leurs regrets devant la cour. Mais pas le principal auteur qui a nié avec la plus grande mauvaise foi malgré les évidences de sa culpabilité. Il a été arrogant et il a aggravé son cas à chaque fois qu'il a ouvert la bouche, pendant trois longs jours.

Au moment de cet échange, le procès est donc terminé. L'audience criminelle a été levée. Les jurés sont rentrés chez eux. La cour vient de décider du montant des dommages et intérêts. Quand le condamné prononce ces mots, il n'a plus rien à perdre, ni à gagner. La messe est dite. Pourtant il a demandé à son avocat s'il pouvait parler à sa victime. Le jeune homme a hésité. Il s'est finalement approché du box, terrorisé, pour entendre ces quelques mots de son bourreau : « sois tranquille. Tu n'as plus à avoir peur. Je ne te ferai plus jamais de mal ». Et lui a répondu «bonne continuation». Des mots tout aussi sincères que ceux du condamné. Quand il a quitté le palais de justice, il n'avait plus peur.

FIN

Ce livre a été imprimé
en France par **ICN**

Décembre 2020

Zone Industrielle des Saligues
98, rue Louis Rabier
64300 Orthez

05 59 69 77 80
icn@imprimerie-icn.fr

BVCert. 6374991